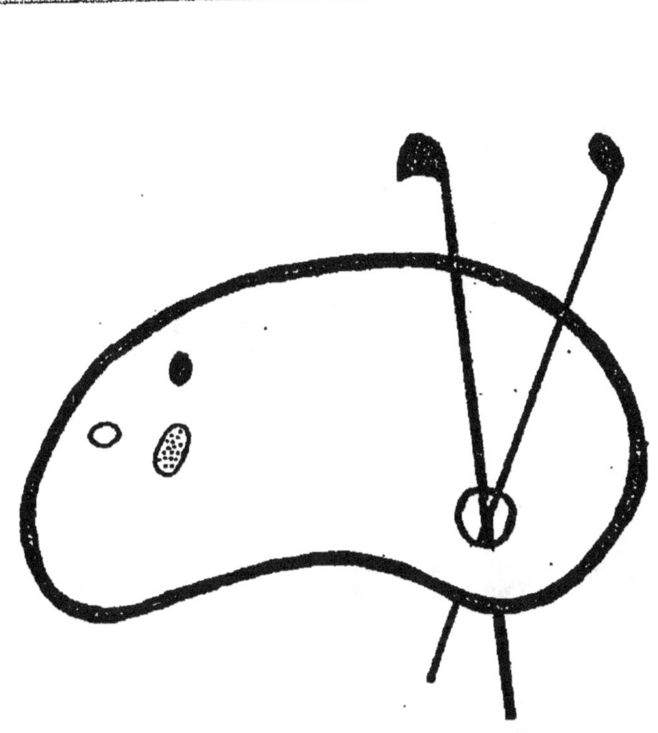

DEBUT D'UNE SERIE DE DOCUMENTS
EN COULEUR

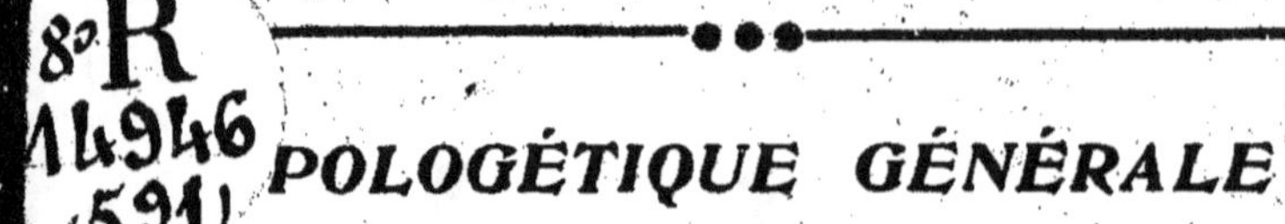

R. P. SCHWALM

L'Acte de Foi

est-il raisonnable ?

BLOUD & C⁰

S. et R. 591

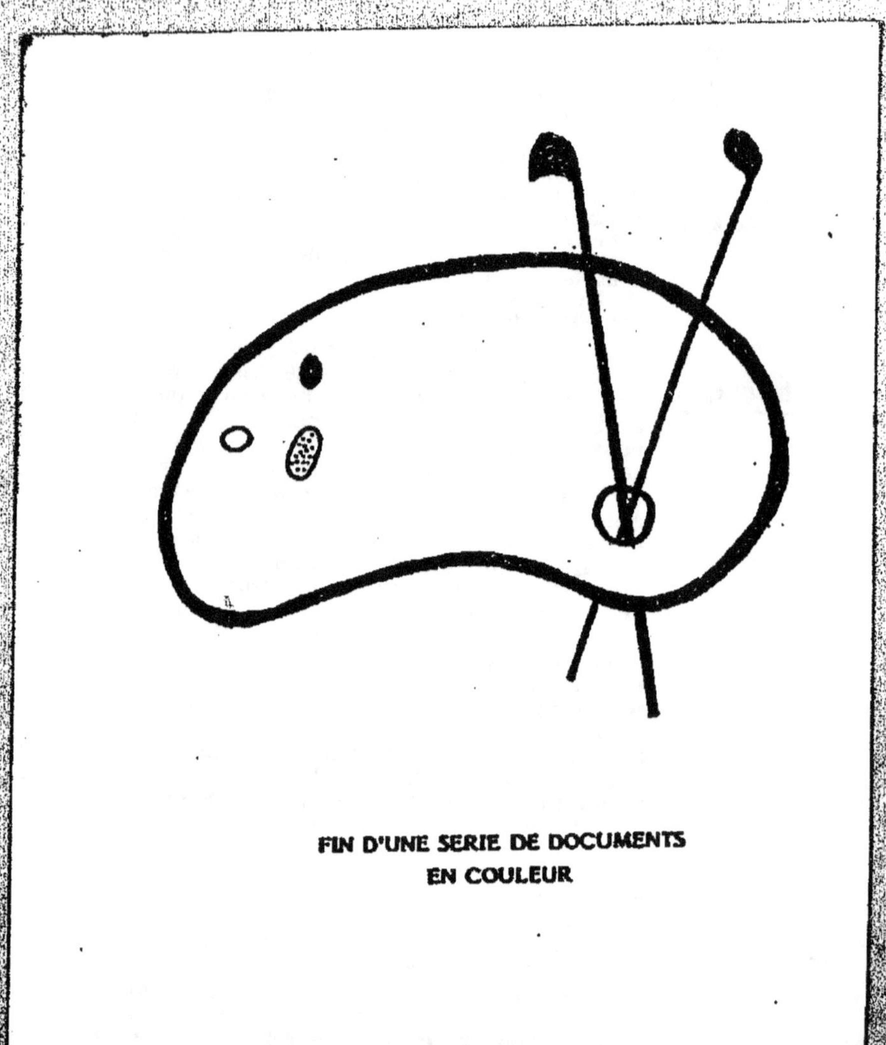

FIN D'UNE SERIE DE DOCUMENTS
EN COULEUR

L'ACTE DE FOI
EST-IL RAISONNABLE?

MÊME SÉRIE

ADHÉMAR (R. D'), docteur ès sciences, professeur à l'Université de Lille. — **Le Triple Conflit**, SCIENCE, PHILOSOPHIE, RELIGION *(347)*.................... 1 vol.

BROGLIE (de). — **Les Relations entre la Foi et la Raison.** *Exposé historique. Préface* par Augustin LARGENT, professeur à la Faculté de Théologie de Paris *(188-189)*. 2 vol........................... **1 fr. 20**

— **Les Conditions modernes de l'accord entre la Foi et la Raison.** Préface par A. LARGENT *(242-243)*. 2 vol.............................. **1 fr. 20**

Ces volumes ne se vendent pas séparément.

COUGET (H.). — **Le Sens Catholique** *(518-519)*. 2 vol.............................. **1 fr. 20**

FONSEGRIVE (G.). — **L'Attitude du Catholique devant la Science** *(29)*........................ 1 vol.

— **Le Catholicisme et la Religion de l'Esprit** *(30)*. 1 vol.

— **Catholicisme et Libre pensée** *(369)*......... 1 vol.

FRÉMONT (G.), docteur en théologie. — **La Religion Catholique peut-elle être une science?** *(67)*. 1 vol.

PAQUERIE (J. de la). — **Les Arguments de l'Athéisme** *(537)*................................ 1 vol.

SORTAIS (G.), ancien professeur de philosophie. — **Pourquoi les Dogmes ne meurent pas** *(309)*. 1 vol.

— **Valeur apologétique du Martyre** *(340)*..... 1 vol.
I. « Nuée de témoins ». II. Le martyre et le fanatisme. III. Un miracle dans l'ordre moral. IV. Signalement du vrai martyre. V. Au Colysée. VI. Appendice. Note.

SUEUR (A.). — **Intellectualisme et Catholicisme** *(400)*.............................. 1 vol.

VERDIER (F.). — **La Révélation devant la Raison.** *(69)*.................................. 1 vol.

L'ACTE DE FOI
EST-IL RAISONNABLE?

PAR

le R. P. SCHWALM

des Frères Prêcheurs

PARIS
LIBRAIRIE BLOUD ET Cie
7, PLACE SAINT-SULPICE, 7
1 ET 3, RUE FÉROU. — 6, RUE DU CANIVET
1911
Reproduction et traduction interdites.

L'ACTE DE FOI
EST-IL RAISONNABLE ?

A cette vieille question toujours actuelle, saint Thomas fait une réponse des plus étonnantes pour beaucoup de nos contemporains : « L'acte de foi procède de la raison spéculative : *Fides est in intellectu speculativo sicut in subjecto* (1). »

Cette réponse eût stupéfait le jeune philosophe qui écrivait : « L'esprit spéculatif est le contraire de l'esprit de foi (2). » Elle ne surprend guère moins deux groupes d'âmes inquiètes qui n'arrivent point à se fixer en toute sérénité soit, comme Guyau a paru le faire, dans la négation radicale du surnaturel ; soit, comme nos convertis ou nos croyants de la première heure, dans son affirmation tranquille.

Le premier de ces groupes inquiets se com-

(1) *Summa theologica*, II^a II^æ, quæst. IV, art. 2, ad 3^m.
(2) GUYAU, *l'Irréligion de l'avenir*, p. 325.

pose d'incroyants qui reconnaissent avec sincérité les attraits de la foi. Mais, lettrés et teintés, comme ils le sont tous aujourd'hui, de science et de critique, ils professent, tout en célébrant le bonheur de croire, que la foi ne se raisonne pas. C'est M. Faguet qui a signé ceci : « L'idéal ne se prouve en aucune façon ; on ne l'aime qu'en y croyant, sans aucune raison d'y croire, ce qui est proprement un acte de foi. » M. Brunetière a également avancé que « les raisons de croire ne sont point de l'ordre intellectuel, mais de l'ordre moral. On croit parce qu'on veut croire, que l'on sent le besoin d'une règle, que ni la nature ni l'homme n'en sauraient trouver une en eux ». Et M. Faguet achève de préciser : « L'acte de foi consiste à dire : je crois parce que j'aime » ; il n'y a « pas de synonyme plus précis au mot amour que le mot foi (1) ».

Causez croyance avec un homme qui entend ainsi la foi ; vous le verrez s'en rapprocher sans cesse et ne pouvoir jamais l'atteindre : comment l'irrationnel aurait-il prise sur sa raison ? Il mêlera douloureusement dans l'entretien les confidences de l'âme et les doutes de l'esprit ; avec

(1) M. Em. Faguet, *La Religion de nos contemporains* (*Revue bleue*, 11 janvier 1896).

M. Paul Bourget il vous dira : « La religion est une hypothèse entre vingt autres. Elle a suffi à un Pascal et à un Malebranche. C'en est assez pour que l'incrédule par raisonnement logique tourne les yeux vers elle dans les minutes d'angoissante recherche et cela suffit pour expliquer que Théodore Jouffroy et ceux qui lui ressemblent aient donné le spectacle d'intelligences déchirées entre les négations de la raison, les besoins moraux de leur cœur et des doutes affreux sur le dogme nié. C'était la paix cependant, ce dogme (1)... »

Néanmoins, tout un groupe de chrétiens semble aujourd'hui partager ces déchirements. Ils n'ont pourtant pas renié leur foi, et le signe en est qu'ils la pratiquent, même intérieurement. Mais, on est du monde, de ce monde où paraître et jouir sont tout, de ce monde où intelligence et scepticisme sont regardés comme la même chose. On s'y réserve un sourire discret pour la robuste foi des simples. « Elle est l'idéal », — disent-ils, — et ce mot vibre sur leurs lèvres avec une arrière-petite note, à peine saisissable, de lassitude, d'amertume et comme de raillerie.

(1) M. P. BOURGET, *Essais de psychologie contemporaine*, p. 83.

Ils croient pourtant, ces gens, à l'âme complexe !
Chercheraient-ils donc inconsciemment quelque
moyen de dérober sans apostasie leur raison
molle et fuyante à l'étreinte rigide d'une trop
ferme adhésion ?

.Il y a de ces défaillances parmi ceux mêmes
qui devraient raffermir en l'éclairant la foi
troublée de leurs frères. Des lèvres qui devraient
s'ouvrir avec autorité, pour rendre aux certi-
tudes de la doctrine un témoignage convaincu
et savant, s'échappent à sourire devant qui ose
parler tout net des justifications rationnelles de
la foi. Ces lèvres ont respiré docilement, naïve-
ment, vaniteusement, une certaine atmosphère
de rationalisme ; elles n'ont jamais bu, ni avant
ni après, aux sources premières de la doctrine.
Elles ne pouvaient éviter de se contaminer, et
vous les entendrez vous dire qu'il est « sage de
croire par l'intime sentiment de son cœur », et
que « le divin étant pour nous l'inconnaissable,
mieux vaut n'en point combiner des explications
capables de sauter entre nos mains. » La critique
est si forte de nos jours !

Enfin, à ces sortes d'agnostiques, quelques
mystiques font écho avec le mot de Pascal : « Le
cœur a ses raisons que la raison ne connaît

point... C'est le cœur qui sent Dieu et non la raison. Voilà ce que c'est que la foi : Dieu sensible au cœur, non à la raison (1). » Et cette troisième fraction complète ce groupe de chrétiens qu'il faut oser appeler, sur la teneur expresse de leurs dires, des demi-sceptiques.

Chrétiens demi-sceptiques ou incrédules demi-croyants, ces deux groupes souffrent donc de doutes analogues, que produit une même idée de l'acte de foi : ce serait, d'après eux, un acte du cœur et non de la raison. En cela ils se trompent, et, non moins que la théologie, l'expérience des vrais croyants les convainc d'erreur. L'acte de foi est immédiatement un acte de raison ; c'est un fait dont il va nous être facile de noter les signes et de formuler la loi.

(1) *Pensées*, édit. Havet, XXIV, 5.

CHAPITRE PREMIER

Point de croyants sans raisons de croire.

Jamais cela ne s'est vu : c'est toujours par sa raison, dans la mesure où il en sait user, que l'homme adhère à sa foi. Prenez un paysan, une servante, un ouvrier, un « simple » quelconque ! il n'a jamais fait de critique et cependant il sait qu'il ne croit pas à la légère. Il s'est dit : « Je ne suis pas un savant, mais je peux bien m'en rapporter à une Église qui a eu tant de savants. » Et, tout en appliquant son bon sens inculte à la considération de ce qu'il croit, il lui arrive d'en trouver, parfois sous de rudes images, le sens profond et vrai. Les enfants eux-mêmes font de ces trouvailles : un petit chrétien dont la raison commence à poindre, et dont la mémoire ne se borne pas à sonner mécaniquement la répétition de son catéchisme, interrompt souvent de ses pourquoi et de ses comment les explications que lui donne sa mère. Non moins que l'homme du peuple, il vérifie dans sa petite mesure l'observation générale de saint Thomas : « Quand l'homme a sa volonté prompte à croire, il aime la vérité qu'il croit, il médite sur elle, il saisit toutes les raisons qu'il en peut découvrir (1). » Il croit avec son cœur, en ce sens qu'il aime sa foi — et nous verrons plus loin tout ce que cet amour comporte d'action raisonnable de la volonté sur la croyance — mais il croit par sa raison, en ce sens que croire c'est adhérer par l'esprit.

D'ailleurs, s'il y a de la volonté dans la foi, il s'y trouve nécessairement de l'intelligence. Le cœur et l'esprit, tout psychologue sait cela, ne sont point deux entités séparables ; ce sont deux forces qui se compénètrent : la raison cherche à connaître de tout ce que veut le cœur ; elle le connaît parce que tout ce qui est désirable, en apparence ou en réalité, c'est quelque chose, c'est du connaissable en tant que c'est de l'être. Saint Thomas voyait donc autrement loin que Pascal lorsqu'il disait en son style bref

(1) Cum enim homo habeat promptam voluntatem ad credendum, diligit veritatem creditam et super ea excogitat, et amplectitur si quas rationes ad hoc invenire potest. Summa theol., II^a II^{ae}, q. II, a. 10.

et dense : « *Ratio ratiocinatur de volendo et voluntas vult ratiocinari* (1). » Si le cœur pousse à croire, la raison veut donc lire au fond de ce désir, et la volonté de croire veut elle-même se trouver raisonnée. Il n'y a donc jamais eu personne, savant ou ignorant, qui ait dressé au dedans de soi cette fallacieuse « cloison étanche », derrière laquelle le croyant prierait dans l'obscurité, bien à l'abri de toute lueur de raison. L'hypothèse n'est pas seulement démentie par les faits ; elle est impossible.

C'est même plus qu'une erreur de la tenir pour vraie, c'est un malheur. L'idée que la foi est irrationnelle fera toujours cruellement souffrir l'incroyant qui voudrait croire et le chrétien qui voudrait ne point douter. Car alors une alternative s'impose : « Ou croire sans raisonner ; ou raisonner et ne plus croire. » Dans le premier cas la raison souffre violence ; dans l'autre, le cœur, et avec lui tout l'homme. C'est donc l'égale impossibilité d'adhérer soit à la foi, soit à l'incrédulité ; c'est le doute à l'infini. Or, le doute, quoi qu'en disent pour la galerie les

____

(1) *Summa theol.*, I⁰ II⁰⁰, q. XVII, art. 1.

amateurs de paradoxes et les virtuoses du dilet-
tantisme, c'est la pire souffrance de l'esprit.
Autant une belle évidence ou une forte démonstration le repose, autant l'impossibilité de se
fixer nulle part lui est odieuse : il a manqué sa
fin, perdu sa béatitude, et, par ce sophistique
dilemme de la foi sans raison ou de la raison
sans la foi, perdu tout espoir d'y arriver jamais.
Il est — ceux qui ont traîné parmi ces oscil-
lations du doute ne le nieront point — dans
un enfer intellectuel.

L'acte de foi est donc un acte de raison,
puisque la seule idée qu'il serait irrationnel est
en même temps si erronée et si malheureuse.
Mais tous les actes de la raison ne sont pas
les mêmes, par exemple concevoir, raisonner
scientifiquement ou se faire une opinion probable. Quels sont donc les caractères de l'acte
de foi ?

CHAPITRE II

L'Esprit adhère et il cherche.

Il adhère très ferme. Au sens familier, « je crois » veut dire « il me semble », ou quelque d'approchant. Et le dirions-nous au plus véridique et au mieux informé des témoins, « je vous crois » n'exclut jamais toute crainte d'erreur : quel homme est infaillible ? Mais, dès que nous disons « je crois en Dieu », nous ne craignons plus. « Les choses de la foi — dit saint Thomas — sont connues de la manière la plus certaine en tant que la certitude emporte la fermeté de l'adhésion : à rien le croyant ne tient plus qu'à sa foi » (1). — Nous sommes loin, il est vrai, parmi les soucis matériels de la vie ou même parmi ses devoirs les plus relevés, d'avoir toujours pleine conscience de cette fondation de notre foi sur l'inébranlable. Il y a tant

(1) *De Veritate*, q. x, art. 12, ad 6ᵐ.

de sables mouvants à la surface de notre âme et même en ses profondeurs ! Mais, de temps en temps, le choc plus aigu d'une douleur ou l'élan plus généreux d'un effort nous fait toucher au tréfonds de nous-mêmes, à ce point fixe de résistance et d'appui que rien ne déplace et dont la fixité nous émerveille. C'est en nous et c'est si peu nous : c'est la foi ! « De ce point — disait Guyau — le fidèle se déclare inexpugnable ; il vous soutient que vous n'avez aucune prise sur lui : et, en effet, aucun raisonnement scientifique ou philosophique ne pourra le faire démordre de sa croyance (1). »

Et pourtant il n'est pas immobilisé, comme Guyau l'ajoutait avec quelque impertinence. « Le croyant, — disait-il, — doit se répéter indéfiniment à lui-même la pensée inachevée qu'on lui fournit, sans oser comprendre qu'elle est incomplète. Dans la rue où je passe tous les jours, un merle siffle sans cesse la même phrase mélodique : la phrase est inachevée, tourne court, et, depuis des années, j'entends l'oiseau enfler sa voix, lancer à toute volée son bout de phrase, puis s'arrêter d'un air satisfait,

(1) *L'Irréligion de l'avenir*, p. 108.

sans avoir jamais besoin de compléter d'une manière ou d'une autre cette pensée musicale interrompue que je ne puis entendre sans quelque impatience. Ainsi fait le croyant... (1). »

Non, il ne fait pas cela. Nous savons le contraire par notre expérience personnelle ; nous savons que notre foi cherche à lire dans tout ce qu'elle admet : *fides quærens intellectum* (2) ; nous savons que cette lecture n'épellera jamais que par lambeaux un texte sans fin ; nous savons que Dieu est plus grand que nos idées, et puisque la vérité de la foi ne nous est accessible que sous forme d'idées, nous n'avons pas la prétention ridicule d'emprisonner l'infini dans une ritournelle. Guyau, qui avait lu et qui citait quelques articles de saint Thomas empruntés au traité de la foi (3), aurait dû lire ceci : « Le mouvement de l'intelligence ne se repose pas dans le croyant, — *nondum quietatus ;* il a encore des pensées qui s'agitent ensemble et des recherches sur ce qu'il croit, — *sed adhuc habet cogitationem et inquisitionem de his quæ credit ;* — et cela

---

(1) *L'Irréligion de l'Avenir*, p. 109.
(2) *Summa theol.*, II⁰, II⁰⁰, q. II, art. 1, ad 1⁰.
(3) *L'Irréligion de l'Avenir*, p. 114, 115.

malgré la très grande fermeté de son assentiment, — *quamvis firmissime eis assentiat.* — En ce qui est de lui-même, son esprit n'est pas satisfait : *quantum ex seipso non est ei satisfactum* (1). » Voilà ce qu'il faudrait lire dans les livres de nos théologiens et dans nos esprits de croyants, avant de parler de merles et de phrases musicales, ou de déclarer plus noblement que « la foi religieuse est un besoin de suspendre l'essor de l'esprit (2). »

« Croire, — dit saint Thomas en citant saint Augustin, — c'est adhérer tout en cherchant : *Credere est cum assensione cogitare* (3). »

C'est donc un acte original qui ne ressemble pleinement à aucun autre : la science adhère et ne cherche plus, car elle jouit de ses démonstrations ; le doute cherche et n'adhère pas ; l'opinion incline vers une adhésion qui lui laisse encore matière à rechercher, mais n'adhère pas irrévocablement ; la perception des vérités évidentes de soi adhère sans avoir cherché ; la foi seule exerce simultanément l'adhésion et la recherche. Est-ce conforme à la raison ? —

(1) *De Veritate*, q. xiv, art. 1.
(2) *L'Irréligion....*, p. 109.
(3) *Summa theol.*, II^a II^æ, q. ii, art. 1.

Question complexe, puisque la raison, comme toute autre faculté de connaissance, nous met en relation avec des objets qui l'attirent et dont elle transporte en nous quelque similitude. Il y a donc à considérer ici et les tendances subjectives et les objets naturels de la raison. De quelle tendance subjective procèdent donc ses recherches dans la foi ?

CHAPITRE III

L'inquiétude de la preuve à faire.

J'ai déjà indiqué plus haut le fait et la nécessité de cette inquiétude. Voici, en son entier, le texte de saint Thomas qui l'établit : « Lorsque l'intelligence humaine n'est point fixée par une démonstration dans une certitude procédant de l'évidence des principes et menée ainsi à sa fin qui est de voir l'intelligible, son mouvement n'est pas en repos ; elle a encore des pensées qui s'agitent ensemble, des recherches... Elle n'est point satisfaite dans ses exigences essentielles, qui sont de la déterminer à l'unité d'une conclusion (1). » Aussi, faute de cette détermination, le savant se fera du moins une opinion vraisemblable, il risquera des hypothèses approximatives en attendant l'explication adéquate. L'indémontré et, par suite, l'hypothétique

____

(1) *De Veritate*. q. XIV, art. 1.

sont ainsi, de par les nécessités organiques de notre intelligence, le grand ressort du progrès dans la science.

Cette loi reste la même, si nous passons de l'indémontré de la science à celui de la foi ; car l'objet de la foi ne saurait se démontrer : il est indémontrable.

Le premier objet qui nous soit présenté par l'Église comme matière à croyance, c'est, selon la très juste expression d'un vrai et sûr thomiste, Jean de Saint-Thomas : « Dieu sous l'aspect de sa Déité : *Deus sub ratione Deitatis* (1). » Quand l'Église nous dit son mot à elle sur Dieu, ce n'est pas Cause Première ou Premier Être qu'elle le nomme : ce mot, nous le verrons tout à l'heure, appartient en propre à la philosophie. Si l'Église le redit, c'est seulement comme préliminaire de son mot à elle, que voici : « Ils sont trois qui, dans le ciel, rendent témoignage, le Père, le Verbe, l'Esprit ; et ces trois sont un (2). » A ce dogme de la Trinité, tous les autres se subordonnent pour nous en manifester un aspect spécial et une conséquence, en partie

---

(1) JOANNES A S. THOMA, *Cursus theologicus*, t. VIII, disput. 1, art. 3, n° 1.

(2) *Epist.* I *Joann.*, v. 7.

naturelle, en partie voulue par la sagesse, la puissance ou la bonté de Dieu (1). Qu'est-ce que le dogme de la fin dernière ? C'est le dogme de la Trinité rémunératrice qui se fait voir à ses élus. De même, que sont les dogmes de l'Incarnation du Verbe, de sa Satisfaction pour nos péchés offerts au Père qui l'agrée ; les dogmes de la Mission du Saint-Esprit aux Apôtres qui fondent l'Église et aux Papes qui se succèdent dans son gouvernement ? Des manifestations extérieures de chaque personne divine, toujours appropriées au mode respectif de chacune d'elles : le Verbe, concept créateur, artisan du monde et de l'homme, en est justement le réparateur ; l'Esprit, lien d'amour, lien social réciproque du Père et du Verbe convient pour inspirer ou assister l'Église dans tous les âges de sa vie (2). Ainsi, toutes les formules dogmatiques qui nous sont matière à croyance sont implicitement contenues dans cette sorte de définition, — si l'on ose ainsi parler, — de l'être propre et absolu de Dieu, proposé à notre vie comme sa fin dernière. La Trinité rémunératrice : autour de ce point central rayonne tout le dogme,

(1) JOANNES A S. TH., *Cursus*, VIII, disp. VI, art. 1.
(2) *Summa theol.*, I° P., q. XLIII, art. 7. — III° P., q. III, art. 8, etc.

comme une sphère dont il projette et mesure le rayon.

En bonne logique, si cette notion centrale nous est inévidente et indémontrable, aucune des notions qui s'en infèrent ne pourra se démontrer. Dès lors, centre et masse, toute la sphère du dogme nous sera un objet de recherches. Elle n'apaisera point cet appétit de la pleine lumière que satisfait la seule démonstration ; elle nous sollicitera, comme tout ce qui est indémontré, à chercher ses vraisemblances.

Si le dogme est indémontrable : toute la question de nos tendances à chercher au sein de la foi se ramène donc à vérifier cette condition : la notion de l'être propre et absolu de Dieu nous est-elle indémontrable ? Si oui, loin d'être contraires à l'esprit de foi, nos recherches spéculatives seront un acte naturel et légitime de toute raison qui croit.

CHAPITRE IV

L'Être propre et absolu de Dieu nous est indémontrable.

En ce temps où la philosophie de l'Inconnaissable a si richement fait fortune, il serait facile d'obtenir crédit sur cette affirmation ; mais il faut se défier de certains crédits ruineux. Car, s'il y a un aspect de Dieu inconnaissable par voie de découvertes scientifiques, il en est un autre que nous connaissons ainsi : c'est donc en délimitant aussi exactement que possible l'étendue de ce connaissable philosophique, que nous pourrons discerner scientifiquement s'il est au delà un inconnaissable, objet de foi et de recherches dans la foi.

Le premier principe de toute découverte scientifique, d'une idée quelconque, c'est l'observation des faits sensibles dont cette idée nous représente abstractivement la nature ou la cause.

Telle est la loi naturelle de tout intelligible humain ; elle est essentielle à notre espèce, car elle se fonde immédiatement sur notre composition essentielle d'organisme animal et d'âme. Donc, « tout ce qui ne tombe pas de soi sous l'observation par les sens, ne peut être conçu par l'intelligence humaine que dans la mesure où les sens peuvent ramasser les matériaux de sa connaissance (1). » Dieu ne tombant pas de soi sous nos sens, nous ne le connaîtrons que par ses effets sensibles ; dans quelles mesures ces effets peuvent-ils donc nous le faire connaître ?

Sous l'aspect de la Première Cause et, partant, de l'Etre parfait, Acte pur. Voici un effet physique quelconque, tombant de soi sous nos sens : les couleurs et les tonalités d'un paysage impressionnant, à cette minute même, notre rétine. D'où vient qu'actuellement, ces couleurs sont en état d'exercer sur nous cette impression ? De ce que, actuellement les rayons solaires se diffusent sur l'horizon : ce sont eux qui nous rendent présentement sensibles cette verdure des prés et cette blancheur des routes que confond la nuit noire.

(1) Ea quæ in sensum non cadunt non possunt humano intellectu capi, nisi quatenus ex sensibus eorum cognitio colligitur. *Contra Gentes*, lib. I, cap. III.

Et d'où vient cette action de la lumière sur les corps? De la masse ignée du soleil. Et d'où vient cet état d'ignition de la photosphère? De telles ou telles impulsions chimiques ou mécaniques communiquées à la masse solaire. Et d'où vient tout cela? Va-t-il falloir remonter ainsi indéfiniment de cause en cause, sans jamais s'arrêter? On peut l'imaginer; on ne peut le concevoir rationnellement : toutes ces causes sont chacune actuellement nécessaire dans son action même à la permanence formelle de son effet : sans lumière pas de visibilité actuelle des couleurs; sans photosphère, pas de lumière. Ce sont des *causes efficientes essentiellement subordonnées :* tout ce que fait n'importe laquelle présuppose l'action présente de celle qui précède. Donc, il y en a une toute première : « Dans toutes les causes efficientes subordonnées, — dit saint Thomas, — la première est cause de la médiane, et la médiane, de la dernière, que dans s l'intervalle il y en ait une ou plusieurs. Or, la cause cessant, l'effet cesse ; donc, sans Cause première de toutes les efficiences, il n'y aura ni cause médiane, ni cause ultime (1). »

(1) *Summa theol.,* I^e P., q. II, art. 3. Cf. *Comment. in Physic.,* l. II lec. VI; *Contra Gentes,* lib. I, cap. XIII.

Voilà, pour la philosophie naturelle, tout le sommaire du connaissable sur Dieu. Il s'appuie sur de telles évidences que le Docteur moderne de l'Inconnaisable a eu pour toute ressource de le déclarer « conception symbolique de l'ordre illégitime (1) ». Et cela signifie pour lui, comme pour Mansel, qu'il y a contradiction entre concevoir la Première Cause, et la concevoir comme absolue, car la cause en tant que cause n'existe qu'en relation avec son effet. La contradiction n'est pas réelle : toute cause, en tant que cause, existe et en elle-même et en rapport avec son effet ; et dans ce rapport, sous lequel elle produit de l'être, ce qu'elle est en soi est inclus. La déduction d'un système philosophique suppose, pour le déduire, un esprit qui existe indépendamment de lui ; elle dénote la puissance de cet esprit ; l'aspect relatif de la cause s'accorde ainsi parfaitement avec sa nature absolue : être en soi et agir hors de soi, c'est différent, mais ce n'est pas contradictoire. Retenons donc de cette critique illusoire du connaissable divin l'aveu topique dont Spencer la couronne : « Les objets et les actions qui nous entourent, non moins que

____

(1) Herbert Spencer, *Les Premiers Principes. Idées dernières de la Religion*, p. 43, trad, Cazelles.

les phénomènes de notre propre conscience
nous forcent de rechercher une cause ; une fois
cette recherche commencée, nous ne pouvons
nous arrêter nulle part avant d'arriver à l'hypothèse de la Cause Première, et nous ne pouvons
échapper à la nécessité de considérer cette Cause
Première comme infinie et absolue. Il n'y a pas
moyen d'échapper aux arguments qui nous
imposent ces conséquences (1). »

L'étendue de ces conséquences, que Spencer
vient de nous marquer avec sa maîtrise de logi-
cien, nous mesure exactement l'amplitude du
connaissable divin pour notre science. Toute
cause opère selon ce qu'elle est ; donc, la Cause
Première, cause de tout l'être sans cause de soi,
possède sans l'avoir reçue la plénitude de ce qui
est : elle est infinie ou Acte Pur. Et si ce terme,
le mot suprême de la philosophie, n'est pas
contradictoire, comme l'avance Spencer, il
marque du moins la ligne de frontière du
connaissable et de l'inconnaissable divin pour les
découvertes humaines ; il a une face de lumière
et une face d'ombre pour notre science. Il a une

(1) *Les Premiers Principes*, p. 33.

face de lumière, puisque nous le rencontrons au point de convergence ultime de toutes nos démonstrations sur la série des causes et des formes ; il a une face d'ombre, car l'infini nous dépasse, on ne sait de quoi ni de combien. Il est donc à la fois connaissable dans le fait nécessaire de son existence et dans cette négation de toute limite qui est, pour notre langage, le légitime et non illusoire symbole de sa réalité ; et il est insaisissable dans un concept adéquat, il est l'incompréhensible, le mystère. De l'Absolu divin nous savons donc seulement qu'il existe, et, d'une manière indirecte et négative, nous concluons à ce qu'il est, sachant ce qu'il n'est pas.

Ces limites du connaissable naturel ainsi posées pour nous, par rapport à Dieu, nous montrent que nous ne pouvons pas découvrir philosophiquement la notion positive de son Absolu, l'aspect original et propre de sa Déité. Or, cet aspect, c'est le centre du dogme. Donc, toute la sphère en est indémontrable. Donc, faute de démonstrations où notre esprit de croyants se repose, nous cherchons naturellement des vraisemblances. Spencer l'avoue encore, avec sa logique toute franche : « Il est très probable qu'on sentira toujours le besoin de donner une forme à ce sens indéfini d'une existence dernière qui fait la base de notre intelligence. Nous serons toujours soumis à la nécessité de la considérer comme quelque manière d'être, c'est-à-dire de nous la représenter sous quelque forme de pensée, si vague qu'elle soit (1). » C'est plus que probable, c'est sûr : en voici le signe et la preuve, d'après saint Thomas.

(1) SPENCER, *Les Premiers Principes*, p. 99.

CHAPITRE V

L'attrait de l'Intelligible divin.

Cet attrait de notre raison pour des connaissances supérieures à sa science naturelle, n'est pas une anomalie; c'est sa participation éminente, selon son rang de nature dans l'ordre des espèces, à un *mouvement universel dont l'univers entier est emporté*. Partout les forces d'un règne quelconque trouvent leur perfection suprême à exécuter, dans une nature supérieure, les opérations qui les dépassent. On dit à tort que les sciences physiques ont exorcisé le surnaturel : partout, depuis la molécule inerte jusqu'à l'animal raisonnable, il y a des moteurs surnaturels relativement aux êtres mus; partout il y a les signes sensibles d'une gravitation universelle qui emporte toute nature au-dessus d'elle-même. Ces signes se ramènent à deux groupes : ceux qui prouvent le fait pour notre espèce; ceux qui le prouvent pour les autres.

Commençons par ceux-ci. Une simple molécule de carbone ou d'oxygène n'est déterminée par sa nature de minéral brut qu'à des mouvements dont elle n'est point le principe actif et spontané : on l'échauffe, elle ne s'échauffe pas toute seule. Mais, qu'elle se trouve en contact avec les organes respiratoires d'une plante et absorbée par eux, elle participe aussitôt aux opérations supérieures de la plante : elle entre dans le tissu ou dans les sucs de cet être qui se nourrit, qui croît et qui fructifie. Elle sort du mode d'agir qui lui est connaturel, pour participer à des actions qui sont le propre d'une nature supérieure. Relativement à ce qu'elle était en tant que corps brut, sa vie dans la plante est du surnaturel.

Surnaturelle encore la vie sensitive, par rapport à la simple matière organique. L'œil, mécaniquement, est construit comme une chambre obscure, munie d'un objectif lenticulaire ; de par cette construction il jouit des propriétés physiques de la chambre obscure, plus une, qui est au-dessus de la nature pour tous ces appareils : il voit. Car la vue, c'est la forme représentative des couleurs reçue et saisie comme telle; c'est la participation surnaturelle de la chambre obscure de l'œil, à la vie supérieure de l'être connaissant. De ces faits qui sont élémentaires, saint Thomas conclut : « Dans toutes les natures ordonnées, il se trouve qu'un double principe concourt à la perfection de l'inférieure : elle est mue du mouvement qui lui est propre, et selon le mouvement d'une nature supérieure (1). » Telle est la loi du carbone et de l'oxygène qui, dans la plante, arrivent à vivre, et de la chambre obscure qui, dans l'animal, s'élève jusqu'à voir. La loi du surnaturel n'a donc rien à craindre du progrès des sciences naturelles ; elle est visible dans la série des règnes.

Le règne humain n'y échappe pas. Si le minéral s'élève jusqu'à végéter, si la matière organique se rehausse jusqu'à connaître ; la raison, dont la perfection propre la plus élevée est de connaître Dieu par abstraction, cherchera pareillement à l'atteindre d'une manière plus relevée et plus positive. Elle veut le connaître comme il se connaît, dans l'Absolu de son essence; car c'est lui qui, dans l'ordre des règnes, est le supérieur immédiat du nôtre.

(1) *Summa theol.*, II IIᵉ, q. II, art. 3.

Nous sommes des intelligences, c'est-à-dire des connaissants qui atteignent l'universel, à la différence des animaux purs qui s'arrêtent au sensible particulier; et Dieu aussi est intelligence. Entre Lui et nous, il est vrai que la philosophie nous indique et que la foi nous révèle la place des purs esprits. Mais les anges rentrent avec nous dans le même plan général des intelligences créées; quelle que soit leur supériorité intellectuelle par rapport à nous, comme nous ils ne peuvent naturellement saisir en soi, par vision directe et adéquate l'Absolu de Dieu; comme nous, il leur faut voir l'Incréé dans un effet créé, naturellement proportionné à leur faculté de connaître qui est limitée. Immédiatement au-dessus d'eux et de nous, il y a ainsi Dieu seul. C'est donc à l'Intelligible divin que notre intelligence sera haussée, en recevant communication de ce que Dieu sait de soi.

Nous passerons alors de l'ordre des créatures, objet naturel de nos connaissances directes; des créatures, effets plus ou moins lointainement copiés sur un type premier qui est le Créateur même; des créatures, vérités dérivées, au Créateur connu en soi, à l'Être Premier qui est la Vérité Première, puisque la vérité c'est l'être connu.

L'universelle attraction de toute nature par un surnaturel correspondant nous mène donc à poser comme son ultime effet l'attraction de la raison humaine par la vérité même de l'Essence divine. A cette loi générale se rattache cette nécessité de se représenter l'Infini, dont Spencer nous avouait tout à l'heure l'éternelle persistance.

Mais laissons là ses demi-aveux, embarrassés de réticences, et entendons saint Thomas : « Il est dans l'homme un naturel désir de connaître la *cause* quand il voit l'effet, d'où surgit communément l'admiration. Si donc l'intelligence de la créature raisonnable ne peut arriver à connaître la Première Cause des choses, un désir naturel se trouvera frustré (1). » Et ce désir que, dans la vie future, la pleine vision de Dieu satisfera complètement, en celle-ci, la demi-clarté de la foi, avec ses recherches, commence de le satisfaire (2).

Je sais bien qu'à cette vue hardie de notre Angélique Docteur sur le tréfonds de notre nature intellectuelle, des théologiens timides se

---

(1) *Summa theol.*, I P., q. XII, art. 1. Cf. *Ibid.*, I II, q. III, art. 8.
(2) *Summa theol.*, II II, q. II, art. 3

récrient : « Le désir naturel de l'esprit est large-
ment satisfait par la connaissance démonstra-
tive de Dieu comme Cause Première. Son Absolu,
naturellement inconnaissable, ne nous est pas
naturellement désirable. » — D'un désir exclusivement naturel ; soit. — Mais depuis vingt
siècles bientôt, des générations humaines ont
entendu la révélation extérieure de l'Évangile, et
ressenti ces touches intérieures qui entraînent
vers la foi. Et ce double fait constaté, le désir
naturel dont parle saint Thomas, se trouve hors
de conteste. « La créature raisonnable, — dit
Cajetan, — peut se considérer sous deux aspects,
dans sa seule nature ou dans l'appel de cette
nature à la béatitude », qui est la vision future
de Dieu commencée dans la foi. « Sous le premier aspect, exclusivement naturel, son désir
inné ne va point au delà de ce qu'elle peut naturellement connaître ; et j'accorde ainsi qu'en soi,
absolument, elle ne désire point naturellement
voir Dieu. Sous l'autre aspect, en tant qu'appelée
à la vision de Dieu, elle le désire naturellement,
car, dans l'ordre même de sa destinée surnaturelle, elle connaît tels et tels effets, la grâce et
la gloire, dont Dieu est cause dans l'Absolu de
sa nature et non pas seulement sous la commune

raison de Principe universel. Ainsi le désir de la vision (et, partant, des notions dogmatiques qui en sont le germe), bien qu'il ne soit pas absolument naturel à l'esprit humain, le lui devient dans l'hypothèse de l'ordre surnaturel (1). » Cette hypothèse s'est réalisée, puisque ce désir est un fait, et que l'Inconnaissable de la Philosophie, l'Absolu même de l'essence divine, stimule nos recherches. Il y a donc bien en nous une nécessité subjective, originellement surnaturelle, mais profondément entée sur notre nature, qui nous pousse à ce mouvement perpétuel de la pensée dans la foi. Et cette nécessité n'est pas une tendance illusoire : des objets positifs, de l'ordre intelligible, bien que surnaturel, lui correspondent.

(1) In Ire Partem *Summæ theol.*, q. XII, art. 1 Comment. § Ad evidentiam.

CHAPITRE VI

Les Vraisemblances de chaque Dogme.

Puisque la Trinité est au centre de tout le système, c'est elle avant tout qui doit pouvoir s'éclairer de ces vraisemblances ; car Dieu, c'est l'Être même, dans la totalité pleine de ce que le mot signifie de réel et de parfait. Or, toute bornée qu'elle soit, la création est aussi de l'être ; nous ne faisons donc pas une pure équivoque en attribuant parallèlement ce qualificatif de l'être à Dieu et aux créatures. Entre l'Absolu divin et le contingent créé, des ressemblances réelles existent.

Ce ne sont point, à coup sûr, des ressemblances d'identité. Entre l'Être infini et l'être fini, il n'y a pas communauté d'une même nature générique, qui serait l'être, comme entre l'homme et l'animal, il y a égale réalisation d'un organisme sensitif. L'Infini et le fini ne sont pas les espèces d'un commun genre, deux *univoques* comme disaient les scolastiques d'un mot qui mérite de revenir en usage, tant il désigne bien, par opposition à *équivoque,* deux mêmes formes ou natures, signifiées par le même mot.

Ni univoque ni équivoque, quel est donc le sens de ce commun attribut de l'être que le tour logique de notre pensée attribue à Dieu et aux créatures ? C'est un sens d'analogie, l'expression de l'universel rapport de similitude, diversement réalisé, qui existe entre toute créature et le Créateur (1). Dieu n'est pas principe à la manière d'un artiste humain, par une causalité passagère, acquise, accidentelle, qui est son art èt son faire ; il est principe dans l'absolue simplicité de sa perfection : toute son essence y passe. Bien qu'il soit radicalement contradictoire, de par sa perfection même, de communiquer le tout de son être à ses créatures, il leur communique nécessairement, supposé qu'il les veuille créer, quelque empreinte de cette essence par où il agit. Ce qu'il y a de plus Absolu en lui se trouve ainsi engagé dans ces aspects relatifs de Cause Première et diversement représenté dans la série des êtres. La formule chré-

---

(1) *Contra Gentes,* lib. I, cap. xxxiv.

tienne de cet Absolu, si elle est vraie, devra ainsi nous mener à découvrir certaines analogies spéciales des créatures de Dieu. Ces analogies, les avons-nous ?

Oui, nous les avons, magnifiquement déduites dans ce traité *De Trinitate* qui s'étend de la question XXVIIe à la XLIIIe de la *Somme* (Ire partie). Je n'en puis donner ici qu'un très bref raccourci ; du moins vais-je tâcher, sous l'inspiration de notre Angélique Docteur, de donner toute la netteté et toute la clarté possibles à ce profil réduit de son grandiose traité.

« Toute créature, — dit-il, — laisse voir en soi les manières d'être qu'il est nécessaire de ramener aux personnes divines comme à leur cause. Toute créature subsiste en effet dans son être ; elle a un principe actuel, sa forme, qui détermine son espèce ; elle a enfin des relations qui la subordonnent à d'autres êtres (1). » Une simple molécule quelconque, oxygène ou carbone, subsiste une et indivisible à côté de toutes ses pareilles ; elle subsiste dans son espèce, avec l'ensemble de ses qualités spé-

(1) *Summa theol.*, I^r Pars, q. XLV, art. 7.

cifiques : densité, couleur, température de fusion, etc. ; et cette unité subsistante qui a sa nature est enfin, par l'adjonction de ces deux choses, soumise à toute une série d'actions et de réactions qui l'entraînent dans le rythme universel du mouvement. Elle a donc en sa réelle unité concrète son triple aspect non moins réel de substance individualisée, de forme spécifique et de subordination finale. « Donc en tant que substance elle représente la Cause et le Principe, manifestant ainsi la personne du Père, qui est principe sans antécédent. En tant qu'elle possède une forme et une espèce, elle représente la personne du Verbe ; car la forme de l'œuvre faite dérive du concept de l'artiste », et le Verbe procède du Père, par manière de concept parfait, totalement expressif de son principe. Enfin, « selon ses relations d'ordre, toute créature représente l'Esprit-Saint, en tant qu'il est amour : car l'ordre d'un effet à un autre provient de la volonté créatrice », et celle-ci voulant à tout ce qu'elle fait ce bien qui est de l'être, tout l'être que détient chaque chose est essentiellement œuvre d'amour.

C'est là, il est vrai, une analogie des plus rudimentaires. Elle montre dans les règnes inférieurs de la nature l'action d'une Cause qui est Principe, Verbe et Amour ; mais elle n'en reproduit pas directement la forme : Dieu est esprit et ces choses-là sont matière. Elles montrent qu'il a passé par là dans l'opération extérieure de son essence, mais elles ne le montrent que dans la mesure infime de leur degré d'être. Elles le montrent, non par image, mais par *vestige*, — dit saint Thomas, d'un mot qui nuance finement ce degré infime d'analogie (1).

Mais en nous, voici l'image : « L'incréée Trinité se distingue en personnes, selon que le Verbe sort du Père qui le prononce et que, de tous deux, procède l'Esprit qui est amour. De même, en la créature raisonnable, il y a procession d'un verbe selon l'acte même de son intelligence, et procession d'amour selon l'acte de sa volonté. La créature raisonnable peut donc s'appeler une image de la Trinité par cette espèce de ressemblance formelle (2). » Une sorte d'analogie progressivement appuyée à partir des plus basses espèces naturelles fait donc apparaître dans l'ensemble de la création les vestiges et l'image de l'Absolu divin. Nos recherches sur le dogme

(1) *Summa theol.*, Iª Pars, q. xciii, art. 6.
(2) *Ibid.*, Iª Pars, q. xciii, art. 6.

de la Trinité ne sont donc point vaines puisqu'elles nous font connaître cette gradation de ressemblances qui nous aide à éclairer le centre mystérieux de tous nos dogmes.

Il en est de même pour nos recherches sur toute la sphère de ceux-ci. La marche rapide de mon sujet m'interdit de le montrer en détail ; mais il est facile de le vérifier en se reportant aux articles de la *Somme* où saint Thomas expose et condense les découvertes successives des théologiens dans cet ordre de questions. Aucune n'est laissée obscure : ni la convenance de notre appel à la vision béatifique, ni celle de l'Incarnation, de la Rédemption par la croix, de la Résurrection du Christ et de tous les morts. Un christianisme intelligent rayonne ainsi de toutes les pages de la *Somme :* elles nous aident à croire en ouvrant les yeux sur ce que nous croyons. Elles projettent sur « l'océan infini de la substance : *Ipsum pelagus substantiæ infinitum* (1) », de lumineuses et profondes traînées.

Mais ce ne sont que des traînées alternant avec l'ombre ; ce ne sera jamais la pure lumière

______

(1) *Summa theol.*, Iᵉ Pars, q. XIII, art. 11.

du plein jour : la seule philosophie ne découvrirait et ne démontrerait jamais ces vestiges physiques et ces images intellectuelles de la Trinité, ni les autres convenances des autres dogmes. Toute créature procède de la Trinité tout entière, et n'en manifeste nécessairement, d'une manière apodictique, que la commune nature : l'unité suprême. Mais la notion du dogme une fois posée, certains aspects de l'œuvre commune s'attribuent plus convenablement, en raison de proportions spéciales, à l'une ou à l'autre de ces personnes divines, toutes trois engagées dans l'opération créatrice. Ainsi, dans une famille, le type général et unique de la descendance n'empêchera pas l'observateur renseigné sur chacun des ascendants communs, de reconnaître auquel d'entre eux s'approprie sur un même visage tel trait ou tel autre ; au contraire, un simple étranger n'y verrait rien. Tel est, dans son exacte valeur rationnelle, l'aboutissant de nos recherches sur les énoncés particuliers de nos dogmes : la science n'en découvre ni n'en démontre la racine ; mais cette racine posée, il en sort, dans une immense poussée d'espèces et d'effets, que des philosophes ont souvent appelée « l'arbre des choses », des frondaisons qui la font reconnaître : « *Inducitur ratio, non quæ sufficienter probet radicem, sed quæ radici jam positæ ostendat congruere consequentes effectus* (1). »

Le dogme nous devient ainsi, au bout de nos recherches, un système de propositions toutes vraisemblables, et contre aucune desquelles ne se peut maintenir une sérieuse accusation d'impossiblité. Mais ce n'est pas tout ; car, sous un certain aspect que saint Thomas n'oublie point, il se démontre ; parlons donc de cet aspect.

(1) *Summa theol*, I^e P, q. xxxii, art. 1, ad 2^m.

CHAPITRE VII

Le Fait divin de la Révélation certainement démontré.

Si Dieu nous révèle quelque chose sur son Absolu, si, le révélant, il ne nous en donne pas une évidence que notre raison naturelle ne pourrait saisir, du moins s'oblige-t-il, selon sa sagesse, à nous certifier rationnellement qu'en fait il nous a parlé. « Le croyant ne croirait point, — dit saint Thomas, — s'il ne voyait que la révélation doit être crue (1). » Or comment le voir sinon par des signes sensibles évidents — *propter evidentiam signorum ;* par les *miracles.*

Avec notre Docteur nous maintenons ici cette démonstration historique et psychologique du fait surnaturel, humainement impossible, de l'établissement du christianisme. Nous ne nous laissons point duper par les cavillations plus

(1) *Summa theol.,* IIe II^æ, q. 1, art. 4, ad 2^m.

érudites que scientifiques, des rationalistes à la Strauss ou à la Renan ; nous n'abandonnons pas, selon l'étrange et craintive tactique de certains apologistes, ce vieux terrain solide, cette vieille position nécessaire du fait divin ; nous ne nous réfugions pas dans ces motifs de crédibilité purement moraux et subjectifs, dont l'illusion est logiquement suspectée, si nous n'appuyons leurs suggestions intérieures sur le fait objectif de la Révélation divine. Nous maintenons donc, tout en souhaitant qu'elle se rajeunisse à l'aide d'une saine et sûre érudition, cette science des signes et des miracles, dont saint Thomas nous a laissé la magistrale synthèse dans son traité *De Miraculis et mirabilibus*, au troisième livre de la *Summa contra Gentes*. Là, nos contemporains trouveront cette notion si simple et si évidente de l'omnipotence de la Cause Première, devant qui toute forme et toute loi dérivée des êtres n'a qu'une nécessité conditionnée et un existence contigente ; ils s'expliqueront à fond cette *contingence des lois de la nature*, dont la philosophie actuelle, bien revenue des naïvetés positivistes de jadis, commence, en Sorbonne même, à redécouvrir l'idée.

Quand cette nouvelle et sérieuse critique des

faits divins aura repris franchement sa place dans les lignes de défense de notre foi, la conclusion de saint Thomas reluira dans une pleine certitude. « Il est constaté que l'ensemble de ce que les saints ont cru et nous ont transmis de la foi du Christ est marqué du sceau de Dieu, dont l'empreinte est gravée sur ces œuvres qu'aucune créature laissée à soi ne peut opérer. Cette empreinte est dans ces miracles par où le Christ a confirmé les affirmations des Apôtres et des Saints. Me direz-vous que nul n'a vu faire de miracles ? Je vous réponds : Il est constaté que tout l'univers adorait les idoles et persécutait la foi du Christ, c'est écrit dans les histoires des païens ; et peu à peu tous ont été convertis au Christ : et les sages, et les patriciens, et les riches, et les hommes d'Etat, et les plus grands ; et c'était sur la prédication d'hommes simples, pauvres, peu nombreux et prêchant le Christ. Ce fut un miracle ou ce n'en fut pas ; si c'en fut un, nous sommes d'accord : si ce n'en fut pas, je dis qu'il ne s'est jamais pu faire de plus grand miracle que cette conversion de tout un monde sans miracles ; et c'est tout ce que nous demandons (1). »

(1) Opuscul. VI. *De Symbolo Apostolorum*, cap. I, in fine.

Mais si cette démonstration par les résultats et les signes nous donne la certitude du fait divin de la Révélation, elle ne laisse pas moins subsister l'inévidence et la simple probabilité intrinsèque des dogmes révélés (1) ; la foi ne s'impose donc pas nécessairement à notre raison comme la vérité scientifique démontrée. D'où une difficulté nouvelle : la certitude, autrement dit la ferme adhésion du jugement sans crainte d'erreur, nous vient naturellement par voie d'évidence et de démonstration ; or, dans la foi, nous n'avons ni évidence ni démonstration. Comment pouvons-nous y jouir de cette certitude dont nous avons constaté plus haut l'absolue tranquillité ? — Par une influence spéciale de la volonté sur la raison.

(1) CAJETAN, in *Summam theol.*, I⁰ Pars, q. I, art. 4 Comment. n. 3.

CHAPITRE VIII

Les Biens de la Foi nous décident à croire, surnaturellement et sans crainte d'erreur.

« Quand l'intelligence, — dit saint Thomas, — ne peut se déterminer par elle-même à une affirmation, ni par évidence immédiate des premiers principes, ni par la vertu de la démonstration qui s'en tire, elle est déterminée alors par la volonté qui choisit l'assentiment à telle affirmation, précisément parce qu'elle y trouve un motif suffisant pour la décider elle-même, bien qu'insuffisant pour la seule intelligence (1). » — Perpétuellement, dans la vie, nous faisons de ces actes de foi par volonté. Un voyageur sérieux et savant nous raconte de l'inédit sur quelque tribu inconnue de l'Afrique centrale ; il nous décrit par le menu ses particularités anatomiques ou morales : nous n'avons pas l'évidence

____

(1) *De Veritate*, q. xiv, art. 1.

de ce qu'il dit, ni même la preuve, puisque son récit ne se rattache à rien que nous ayons observé de nos yeux. Nous ne sommes donc pas forcés de le croire ; mais nous y inclinons, nous nous y décidons sans effort, parce que c'est un bien de se soumettre à un témoignage compétent et véridique. C'est un bien pour la raison elle-même, un supplément heureux, apporté par une raison mieux informée et plus sûre à l'ignorance de la nôtre ; c'est ce bien qui faisait dire au philosophe la célèbre parole : « Tout disciple doit croire. » Il le doit, sur la légitime et positive présomption de véracité et de science que lui apporte son maître, en attendant que lui-même soit comme le maître apte à savoir (1). Dans l'ordre des faits et des sciences de la nature, nul ne se passe d'une certaine foi.

A plus forte raison la foi est-elle un bien dans l'ordre suprême de cette connaissance de Dieu, bien suprême de notre intelligence, Et ici encore nous devons, avec saint Thomas, relever soigneusement, jusque dans l'humanité païenne, — ce sera de l'actualité par le temps qui court —

______

(1) « Δεῖ γὰρ πιστεύειν τὸν μανθάνοντα. » *De Sophisticis Elenchis*, I, cap. II, 2 (édit. Didot).

les indices de cette inclination de la volonté humaine et de la raison vers le bien de la foi : « L'utilité de croire, — dit notre Docteur, — ressort de ce que raconte le philosophe au Xe livre de l'Ethique. Simonides avait donné à quelqu'un le conseil de laisser de côté l'étude de Dieu et de s'appliquer à celles des choses humaines. « Il faut, — disait-il, — que l'homme goûte l'humain et le mortel ce qui meurt. » — « Au contraire, — réplique Aristote, — l'homme doit s'entraîner vers l'immortel et vers le divin, autant qu'il le peut. » Et il en conclut dans son ouvrage sur l'*Anatomie des Animaux*, chap. v, que notre connaissance des substances supérieures est plus aimée et plus désirée que toute notre science des espèces inférieures (1). » — Elle l'est vraiment d'un désir plus profond à mesure qu'une intelligence est plus haute : pour étudier la nature, le savant se baisse ; le ciel lui-même avec ses astres est au-dessous de lui : tout cela n'est que de la matière inorganique, de la végétation ou de l'animalité pure. La représentation intellectuelle que s'en fait notre esprit,

(1) *Contra Gentes*, l. I, c. 5. — Cf. *In libros Ethic.*, l. X lec. IX, circa finem. — *De Partibus Animalium.* l, I, c. 5. — *De cœlo*, l. II, c. 12.

est infiniment plus relevée que n'en est la réalité, essentiellement matérielle ; dans les sciences de la nature, l'esprit, bien qu'il se perfectionne, descend toujours. Dans la foi il ne fait que monter au plus haut degré de l'intelligible : au lieu d'ennoblir ses objets d'étude par son contact, ce sont eux qui l'ennoblissent. « D'où il appert, — conclut saint Thomas, — que la plus faible révélation de ces très nobles choses apporte à l'âme raisonnable sa plus haute perfection (1) ».

C'est donc le bien suprême de la raison que nous apporte la foi ; et c'est pourquoi notre volonté décide si efficacement l'intelligence à croire.

Mais il y a, dans cette décision, une différence capitale entre la foi ordinaire de la vie humaine et celle de la vie chrétienne. J'en ai déjà noté les signes sensibles en disant que toute foi humaine s'annexe toujours quelque chance d'erreur, et par conséquent de l'incertitude, mais que pour la foi chrétienne c'est, en fait, le contraire. Nous croyons sans crainte de nous tromper. Il est temps d'en dire la cause. La foi humaine croit

____

(1) *Id., loc. cit.*

à un homme, et, fût-il le plus savant et le plus véridique de tous, il n'est pas infaillible.

Elle peut donc, cette foi aux hommes, se tromper comme ils se trompent. Un seul témoin ne peut absolument ni se tromper ni nous tromper : Dieu ; donc, conclut saint Thomas, « ni le témoignage d'un homme, ni celui d'un ange ne nous apporterait infailliblement la vérité, si nous n'y pouvions considérer le témoignage de Dieu même, prenant la parole (1) ». Nous sommes donc sans crainte d'erreur dans notre foi, parce que c'est Dieu qui, manifestement, l'a révélée. Et ainsi l'adhésion volontaire que nous donnons au dogme est une adhésion absolue, sans arrière-pensée d'inquiétude et de reprise.

Elle l'est d'autant plus qu'elle est surnaturelle : ce n'est pas la simple démonstration des motifs de crédibilité, ni la notion philosophique de la véracité divine, engagée dans le fait de la révélation, qui nous décide à croire. A coup sûr, elle le pourrait. Dès qu'un esprit est assez clairvoyant pour apercevoir, aidé des signes du fait divin, que Dieu a parlé et dit telle chose, il est naturel qu'il croie. Il le peut sans autre

---

(1) *De Veritate*, q. XIV, art. 5.

impulsion de sa volonté et de sa raison que la convenance de croire à tout témoignage manifestement infaillible. Il croira, — comme dit saint Thomas, — « par volonté et jugement propres : *propria voluntate et judicio* (1) ».

Mais cette croyance, suffisante pour une foi humaine, ne l'est pas pour la foi chrétienne, telle que la requiert la perfection même de son objet. Ce n'est pas à du croyable humain que nous adhérons, comme le savant qui croit, en attendant l'heure de la science achevée, aux informations contrôlées des explorateurs sérieux. Nous croyons à Dieu, non sous l'aspect démontrable de sa nature de Créateur, mais sous son aspect indémontrable de Trinité, et d'objet, pour nous, de la vision béatifique. Nous adhérons à du surnaturel dans le sens le plus absolu. Il a beau s'être proposé à notre croyance par des signes naturellement démontrables de sa révélation ; il reste, dans sa substance, au-dessus de toutes les limites naturelles du croyable humain. Il est croyable en soi ; mais pour y croire, selon que le requiert la dignité de son essence, il faut croire en vertu d'une

____

(1) *Summa theol.*, II^a II^{ae}, q. v, art. 3, ad 1.

action spéciale de ce bien et de cette vérité suprêmes sur notre volonté et notre raison. Notre foi sera divine alors, c'est-à-dire communiquée à notre esprit par l'action même du Dieu vivant (et non d'une chose morte et passive), qui en est l'objet : « Puisque l'homme, — dit saint Thomas, — est élevé au-dessus de sa nature en adhérant aux dogmes de la foi, il faut que cela vienne en lui d'un principe moteur interne surnaturel, qui est Dieu : *oportet quod ei insit ex supernaturali principio interius movente, quod est Deus* (1). »

Mais sous quelle forme va se réaliser cette motion ?

(1) *Summa theol.*, II⁼ II⁼⁼, q. vi, art. 1.

CHAPITRE IX

Le témoignage extérieur
de la Vérité Première et sa Parole intime.

Du côté de Dieu, rien de plus simple que d'opérer sur nous; son opération c'est lui, c'est toute son essence, en tant même que tel ou tel effet en procède. Et ces quelques mots que nous pouvons en dire sont un abîme de mystères. Il faut, pour y comprendre quelque chose, regarder l'opération divine surtout en nous, dans son terme créé, là où elle devient, sous la raison de ses effets, saisissable à notre expérience interne et à nos autres observations.

Dans cet effet divin de notre adhésion volontaire à la foi deux agents nous sont manifestés : un agent extérieur d'abord, et en quelque sorte de notoriété publique. L'Église parle par la bouche de ses prédicateurs et toutes les autorités, Papes ou Conciles, dont les prédicateurs nous communiquent la doctrine. L'Église nous parle en vertu des signes divins et manifestes de sa mission ; nous commençons donc de recevoir la motion divine qui nous fait adhérer à la foi, sous forme de propositions intelligibles qui nous présentent matière à notre assentiment. C'est donc une motion analogue à celle du maître sur l'esprit de l'élève : on nous propose des formules intelligibles à comprendre, à considérer, à retenir, à développer par l'application des forces de notre esprit (1).

Mais voici où cesse l'analogie. C'est aux forces naturelles de la raison de son élève que le maître propose, du dehors, matière à s'exercer. Le magistère de l'Église trouve en nous autre chose que des forces naturelles. « De ceux qui entendent la même prédication, — dit saint Thomas, — les uns croient, les autres ne croient pas » ; donc, en dehors des témoignages extérieurs qui nous proposent les matières de foi, « il faut poser une autre cause intérieure, motrice de l'assentiment (2) ». Et, comme cet assentiment est à la fois raisonnable et volontaire, et que l'impulsion de la volonté y décide la raison à

(1) *Summa theol.*, I^a Pars, q. cxvii, art. 1.
(2) *Summa theol.*, II^a II^æ, q. vi, art. 1.

tenir ce bien qui est la vérité de la foi, il y faut, à l'origine, une motion directe de Dieu sur la volonté et en elle. En dehors de la grâce extérieurement proposée de la prédication, il faut donc la grâce extérieurement communiquée de l'adhésion consentie, par où, d'une manière efficace et libre, nous nous fixons dans la foi. « Le croire — dit saint Thomas, en reprenant une parole célèbre de saint Augustin — est dans la volonté : *Fides consistit in credentium voluntate,* mais il faut que la volonté de l'homme soit préparée de Dieu par la grâce : « *oportet quod voluntas hominis præparetur a Deo per gratiam, ad hoc quod elevetur in ea quæ sunt supra naturam* (1). » L'enseignement extérieur de l'Eglise nous reste ainsi comme un instrument et un auxiliaire de la croyance par rapport à la détermination de ses objets authentiques. Mais la cause principale de notre foi, c'est la motion intérieure de Dieu sur notre volonté : « *principalis et propria causa fidei est quod interius movet ad assentiendum* (2). »

(1) *Summa theol.,* II^a II^æ, q. vi, art. 1, ad 3^m.
(2) *Id.* ad 1. — Il est intéressant pour le théologien de retrouver en plein cœur de l'acte de foi cette motion efficace de Dieu sur la volonté libre, dans la production même de son acte libre : une preuve de plus que nier cette motion, c'est bouleverser toute la doctrine thomiste; c'est ne plus être thomiste ou l'être équivoquement. — Cf. MASSOULIÉ, *Divus Thomas sui interpres,* t. II, diss. III, q. II, art. 11; p. 54.

Cette motion c'est une parole, elle aussi : du moins, de toutes les réalités sensibles, la parole est-elle celle qui se prête le mieux à nous en faire concevoir la nature. Dans le langage, en effet, ce ne sont point les choses, mais leurs signes, les mots, que nous présentons à l'intelligence de nos interlocuteurs; de même, dans ce mouvement de volonté qui est désir et résolution de croire chez le converti et joie chez le croyant, ce n'est point l'intime essence de sa vérité première que Dieu nous montre, il se borne à nous donner un signe, et nous en prenons conscience comme de toute autre affection qui saisit notre volonté. Le désir d'arriver à la foi ou la joie de se reposer dans sa possession, ce n'est point une vision de Dieu; c'est un contact de sa présence, obscure, sans doute, mais expérimentée en toute certitude, c'est donc une connaissance semblable à celle de l'ouïe qui se passe de lumière et qui se fait par vibration et contact. C'est une audition interne, dit saint Thomas, *auditus interior,* — par elle Dieu nous inspire : *qua loquitur nobis per inspirationem internam* (1). L'inspiration, ce mot qui dit un souffle, un temps de respira-

______

(1) *De Veritate,* q. xviii, art. 3.

tion, exprime à peine, en tout ce qu'il signifie de pénétrant, de délicat et de vivifiant, tout ce que cette touche obscure, mais vibrante, de Dieu sur notre volonté, y remue de profond. « Heureuses, — dit l'*Imitation*, — les oreilles qui perçoivent les modulations de ce divin murmure (1) »; — « c'est la petite parole du Christ, — dit le Père Lacordaire; le cri inconnu, mystérieux de la parole de Dieu à chacun de nous, une parole plus grande que la parole publique(2). » Et le Concile du Vatican a tout résumé en disant que « personne ne peut adhérer à la prédication ainsi qu'il le faut pour le salut, sans l'illumination et l'inspiration intérieure de l'Esprit-Saint qui donne à tous la suavité du consentement et de la croyance (3) ».

L'acte de foi est donc raisonnable. Il est dans son essence, comme un acte de raison bien fait : nous croyons à une Révélation dont Dieu est certainement l'auteur et dont aucun mystère, si indémontrable qu'il soit, n'implique contradiction. L'acte de foi est raisonnable dans sa

---

(1) *De Imitatione Christi*, III, 1.
(2) LACORDAIRE, *Sermons et allocutions*, II, sermon sur la Présence réelle de Dieu, prêché à Notre-Dame le 15 août 1850.
(3) *Constitutio de Fide*, cap. II.

cause déterminante, cet instinct surnaturel de la volonté mue par Dieu. Car ce Dieu qui la meut, il est, en même temps que le suprême objet de tout désir raisonnable, la vérité première ; c'est à la science infinie que notre foi se subalterne : nous croyons à Celui qui voit tout (1). Nous ne demandons à personne de croire ; loin de là, nous ne voudrions point, parmi nous, de cette foi irrationnelle et aveuglément sentimentale ; nous n'avons jamais souffert qu'on l'offrît, sous prétexte d'humilier la raison, à ces incroyants dont le cœur cherche, mais dont l'esprit demeure étranger, sinon hostiles à la foi.

Avec saint Thomas et avec l'Église, nous demandons à ceux de nos contemporains qui cherchent la croyance, de la chercher aussi avec leur raison : nous avons de quoi les satisfaire. Et qu'ils cherchent de même, ces chrétiens dont la raison mal éclairée s'inquiète et dont le cœur se réfugierait dans une vague foi de complaisance. Adhérer et chercher, les deux actes ont part égale dans la vie de la foi ; l'un ne doit pas aller sans l'autre : « *In fide assensus et cogita-*

_____

(1) *Comment. in Epist. ad Hœbr.*, c. XI, lec. 1

tio sunt quasi ex œquo (1). » Tandis que la fermeté de notre assentiment nous fixe comme sur le roc, l'activité de notre recherche à partir de ce point fixe et dans le rayonnement lumineux qui s'en dégage, nous ouvre de profondes et claires traînées sur l'abîme du divin. L'esprit humain soumis à la foi, ce n'est point le Titan rivé à sa chaîne ; c'est le gardien de ces gigantesques phares qui se dressent sur les falaises des caps bretons : les déferlements de la tempête qui roule du large n'ébranlent jamais la masse granitique où il veille à côté de sa lampe, et, tranquille, il inspecte l'horizon.

(1) *De Veritate*, q. xiv, art. 1.

TABLE DES MATIÈRES

1576-10. — Imprimerie des Orphelins-Apprentis, F. Blétit, 40, rue La Fontaine, Paris-Auteuil.

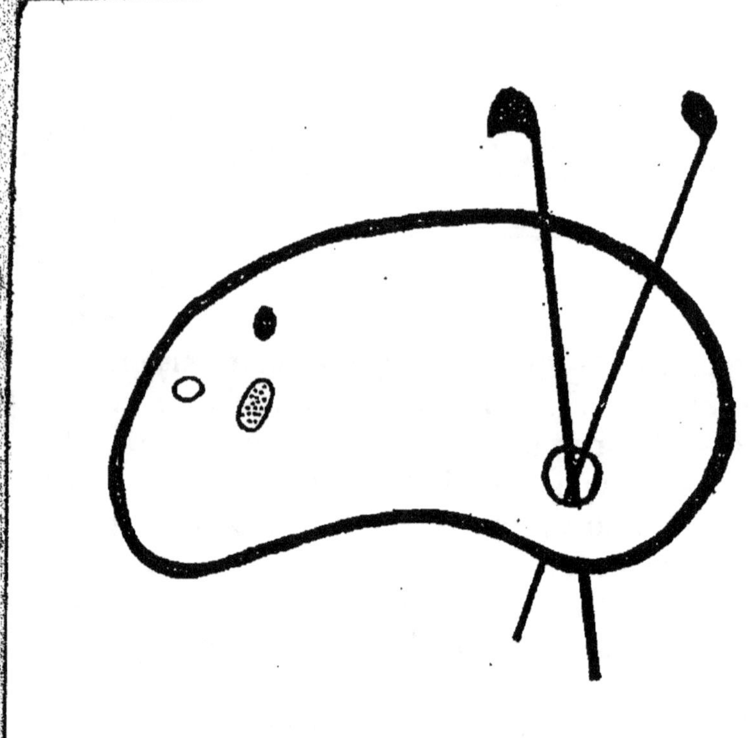

ORIGINAL EN COULEUR
NF Z 43-120-8

www.ingramcontent.com/pod-product-compliance
Lightning Source LLC
Chambersburg PA
CBHW051130050726
47594CB00003B/1036